# BEI GRIN MACHT SICH
# WISSEN BEZAHLT

- Wir veröffentlichen Ihre Hausarbeit,
  Bachelor- und Masterarbeit

- Ihr eigenes eBook und Buch -
  weltweit in allen wichtigen Shops

- Verdienen Sie an jedem Verkauf

Jetzt bei www.GRIN.com hochladen
und kostenlos publizieren

**Bibliografische Information der Deutschen Nationalbibliothek:**

Die Deutsche Bibliothek verzeichnet diese Publikation in der Deutschen National-
bibliografie; detaillierte bibliografische Daten sind im Internet über http://dnb.d-
nb.de/ abrufbar.

**Impressum:**

Copyright © 2016 GRIN Verlag, Open Publishing GmbH
Druck und Bindung: Books on Demand GmbH, Norderstedt Germany
ISBN: 9783668229723

**Dieses Buch bei GRIN:**

http://www.grin.com/de/e-book/322945/einfuehlen-in-die-literarische-figur-maik-
aus-tschick-durch-monolog

Yvonne Dammert

# Einfühlen in die literarische Figur Maik aus "tschick" durch Monolog, Dialog, Standbild (Deutsch, 8. Klasse)

## Lehrprobe zum Jugendroman von Wolfgang Herrndorf

GRIN Verlag

# UNTERRICHTSENTWURF

**Zweite Staatsprüfung für das Lehramt an Realschulen, gemäß RPO II vom 21. Dezember 2007, in der derzeit gültigen Fassung**

*„Ignorierst du mich noch oder siehst du mich schon?"*

## EINFÜHLEN IN EINE LITERARISCHE FIGUR

| | |
|---|---|
| **REALSCHULANWÄRTERIN:** | Yvonne Dammert |
| **FACH:** | Deutsch |
| **SCHULE:** | Xxxx-Realschule Xxxxxxxx |
| **SCHULLEITERIN:** | XXXXXXXXXXXXXXX |
| **KLASSE:** | 8b |
| **DATUM:** | 18.03.2016 |
| **ZEIT:** | 9.45 -10.30Uhr |

# INHALTSVERZEICHNIS

Anmerkung:

Aus Gründen der Ökonomie und der besseren Lesbarkeit habe ich in diesem Entwurf vorwiegend auf die Verwendung der weiblichen Form verzichtet und zumeist das generische Maskulinum verwendet. In die Formulierungen Schüler bzw. Lehrer sind demnach beide Geschlechter gleichermaßen einbezogen.

# 1. Bedingungsanalyse

## 1.1 Institutionelle Bedingungen

Die Xxxx-Realschule im Herzen Xxxxxxxxs ist eine vier- bis fünfzügige Realschule, die 1996 aus drei Xxxxxxxxer Realschulen zusammengeführt wurde. Durch die zentrale Lage der, mit 760 Schülern, größten Realschule Xxxxxxxxs erstreckt sich die Schülerschaft über zahlreiche Xxxxxxxxer Stadtteile. Dies hat zur Folge, dass der Anteil an Schülern mit Migrationshintergrund, auf Grund der multikulturellen Vielfalt Xxxxxxxxs, sehr hoch ist. Des Weiteren findet vor der Lehrprobenstunde eine zehnminütige Pause statt, die die Schüler der fünften und sechsten Klassen im Pausenhof und die Jugendlichen ab der siebten Klasse im Schulhaus verbringen. Es darf dabei nicht unberücksichtigt bleiben, dass sich einige Schüler nach dem Klingeln, trotz Anweisungen der jeweiligen Aufsichtslehrer, nicht sofort in ihren Klassenzimmern befinden werden und es dadurch zu Beginn der Lehrprobenstunde in den Gängen noch etwas unruhig sein kann.

## 1.2 Lernvoraussetzungen der Klasse

In der Klasse 8b befinden sich 27 Schüler, mit einem Geschlechterverhältnis von 12 Mädchen und 15 Jungen. Die Klasse ist insgesamt als eine aufgeschlossene, hilfsbereite aber auch sehr leistungsheterogene und unruhige Klasse einzustufen. Im Deutschunterricht zeigen sich die Schüler vor allem in Unterrichtsgesprächen sehr interessiert und arbeiten engagiert mit, wobei in den letzten Wochen zu beobachten war, dass die Klasse im Unterricht, aber auch in den Pausen zunehmend unruhiger wurde, was sich durch unkontrollierte Zwischenrufe seitens der Jungen und Tuscheleien unter den Mädchen äußerte. Unabhängig davon sind starke Schwankungen hinsichtlich des Arbeitstempos der Klasse anzumerken, was wiederum eine flexible Stundenplanung erforderlich macht. Da sich auch in anderen Kernfächern ebenfalls ein sinkendes Arbeitsverhalten in Form von Zuspätkommen sowie fehlenden Arbeitsmaterialien und nichtgemachten Hausaufgaben häuften, beschloss die Klassenkonferenz ein einheitliches und zugleich strikteres Regelwerk in dieser Klasse einzuführen. Diesbezüglich wurden und werden bereits Elterngespräche geführt.

Einige Lernende scheinen dem Unterricht problemlos folgen zu können und beteiligen sich rege. Außerdem gelingt es ihnen komplexe Sachverhalte zu formulieren und in Abschnitten Transferleistungen zu erbringen. In dieser Klasse befinden sich jedoch auch Schüler, die hinsichtlich der mündlichen Kommunikation, des schriftsprachlichen Ausdrucks sowie des Sprachbewusstseins deutliche Schwächen aufzeigen. Dies bestätigten unter anderem auch die Ergebnisse der Vergleichsarbeiten (VERA-8) einzelner Schüler. Diesen Lernenden muss vor allem mehr Lernzeit sowie angemessene Hilfestellungen zur Verfügung gestellt werden, um sie auch weiterhin für den Deutschunterricht motivieren zu können. Nicht zu vergessen ist dabei, dass auf Grund des Migrationshintergrundes vieler Schüler die Erstsprache nicht Deutsch ist. Des Weiteren gibt es einige Schüler, die vermehrt unkonzentriert und abwesend erscheinen. Hierbei ist es Aufgabe der Lehrperson diese Schüler gezielt durch eine größtmögliche Schüleraktivierung ins Unterrichtsgeschehen einzubinden und Schülern, die vermehrt durch Zwischenrufe stören durch ein schülerzentriertes Classroommanagement entgegenzuwirken.

## 1.3 Einordnung der Stunde in die Unterrichtseinheit

Die heutige Unterrichtsstunde stellt das erste Segment der Untereinheit „Ignorierst du mich noch oder siehst du mich schon? – Einfühlen in eine literarische Figur" dar und schließt sich innerhalb des Themenkomplex' „Tschick – Eine (Lese-)Reise, die dich reicher macht!" an eine erste Begegnung mit den Romanthemen, der Erzählstruktur sowie an einen erster Kontakt mit den Hauptpersonen „Tschick" und „Maik" an. Diese handlungs- und produktionsorientierte Stunde dient als Grundlage für weiterführende analytische Prozesse hinsichtlich der Charakterisierung der beiden literarischen Figuren und die aus diesem Kapitel hervorgehende Freundschaft, die in Form einer sich über die gesamte Einheit hinweg entwickelnden Wandzeitung begegleitet und visualisiert wird. Gleichzeitig wird eine Förderung des sinnschaffenden Lesens seitens der Schüler durch die selbsttätige Auseinandersetzung mit einem literarischen Text forciert. Das von den Schülern parallel geführte Lesetagebuch zur Lektüre unterstützt nicht nur die Förderung der Lesekompetenz, sondern auch das literarische Lernen[1] und ermöglicht die intergrative Arbeit an Schreibprozessen sowie eine Förderung der Textüberarbeitungs- sowie Rechtschreibkompetenz. Textbasierend werden in den Folgestunden somit nicht nur inhaltliche Themen wie Liebe, Sexualität, Identität und Grenzüberschreitungen im Jugend- und

---

[1] vgl. Spinner (2006), S.6f.

Erwachsenenalter behandelt, sondern auch sprachliche Besonderheiten sowie orthographische Schwierigkeiten thematisiert. Damit soll sowohl in der Textrezeption als auch in der Textproduktion ein langfristiger und linearer Kompetenzzuwachs einhergehen.

## 2. Didaktische Analyse

### 2.1 Didaktische Grundüberlegungen und Bezüge zum Bildungsplan

Die Basis für die didaktische und methodische Vorgehensweise der heutigen Deutschstunde bildet die Kompetenzorientierung in Anlehnung an den Bildungsplan 2004 für die Realschulen in Baden-Württemberg[2].

Im Fach Deutsch ist die deutsche Sprache sowohl Unterrichtsgegenstand als auch Unterrichtsprinzip[3]. Die dreifache Dimension des Spracherlebens im Deutschunterricht, die deutsche Sprache „als Mittel der Welterfassung und Wirklichkeitsvermittlung, als Mittel der zwischenmenschlichen Verständigung und als Mittel sich Welten auszumalen und vorzustellen"[4], findet sich in allen drei Formen in der heutigen Unterrichtsstunde wieder. Zentral ist jedoch die Entwicklung und Erweiterung der Lesekompetenz als „Basiskompetenz" und „Voraussetzung für nachhaltiges Lernen, den selbstständigen Wissenserwerb und für eine kompetente Mediennutzung"[5]. Wie bereits aus der Kognitionspsychologie bekannt ist, sind Kognition und Emotion eng miteinander verbunden. Somit spielt bei der Förderung der Lesekompetenz die Lesefreude eine besondere Rolle. Diese Lesemotivation wird unterstützt durch die besonders adressatengerechte Lektüre „tschick" mit lebensweltnahen Themen und Problematiken sowie Protagonisten, die in etwa dem Alter der Schüler entsprechen, sodass sich die Lernenden leicht in die Hauptfiguren hineinversetzen und so den Inhalt der Szene besser nachvollziehen können. Durch den handlungsorientierten und ganzheitlich integrativen Ansatz in Form der „Hilfs-Ich"-Methode, des Standbildes, des Dialogs und der sich entwickelnden

---

[2]vgl. Ministerium für Kultus, Jugend und Sport Baden-Württemberg: Bildungsplan für Realschule 2004. Stuttgart 2004, S. 47ff.
[3]vgl. ebd., S. 48.
[4]ebd.
[5]ebd.

Wandzeitung sind die Stundeninhalte auf reale (Sprach-)Situationen übertragbar und die Lernenden beschäftigen sich „lesend mit sich selbst"[6], wodurch sie zur eigenen Identitätsfindung beitragen.[7] Ein eigens geführtes Lesetagebuch begleitet zusätzlich den Lese- und Verstehensprozess und gibt Gelegenheit zur Wissensverarbeitung auf der Metaebene.

Zudem werden ein „bewusstes sprachliches Handeln und ein reflektierter Sprachgebrauch im Medium von Mündlichkeit und Schriftlichkeit im Umgang mit Texten und Medien [werden so] zu einer übergreifenden Zielvorstellung des Sprachunterrichts"[8], indem die Lernenden sich produktiv mit Texten auseinandersetzen, rhetorische Mittel analysieren und fiktive Wirklichkeiten phantasievoll ausgestalten.[9] Das Nachdenken und Sprechen über die Leseerfahrungen in den einzelnen Gruppen sowie die Verschriftlichung und Visualisierung dieser Gedanken in einer abschließenden Wandzeitung schafft eine Brücke zwischen Schriftlichkeit und Mündlichkeit.

## 2.2  Sachanalyse

### 2.2.1  Der Jugendroman „tschick" von Wolfgang Herrndorf

Das vielpremierte Jugendbuch „tschick" von Wolfgang Herrndorf war der Überraschungserfolg des Jahres 2010 und gilt seither als zeitgenössisches Literaturmeisterwerk für Jugendliche und Erwachsene. Neben wortwitzigem Jugendsprachjargon besticht es vor allem durch eine Fülle an Problemfeldern, die sich den jugendlichen Protagonisten auf ihrem Weg zum Erwachsen werden in den Weg stellen: Außenseitertum und Freundschaft, Selbstzweifel, Konflikte mit den Eltern, Positionierung innerhalb einer Gesellschaft, Grenzen und gesellschaftliche Erwartungen sowie Liebe und Sexualität.[10] Problemfelder, denen sich auch die Lernenden im Laufe ihres inneren Reifeprozesses stellen müssen.

In Anlehung an Herrndorfs Jugendbuch entstand bereits im Jahre 2011 unter dem Dramaturgen Robert Koall eine Theaterversion, die in der aktuellen Spielzeit 2015/16

---

[6]ebd. S. 49.
[7]vgl. ebd.
[8]Ebd.
[9]vgl. ebd. S.49.
[10]vgl. Kramper, W. (2016), S. 64.

unter anderem auch am Nationaltheater Xxxxxxxx[11] aufgeführt wird. Nicht nur die bis heute mehr als zwei Millionen verkaufte Bücher verdeutlichen die große Popularität des Jugendromans auch der Start des gleichnamigen Kinofilms unter Regisseur Fatih Akin wird das Buch ab September 2016 erneut in alle Munde bringen.[12] Wolfgang Herrndorf nimmt seine Leser mit auf eine 254-seitige Reise zweier alleingelassener Außenseiter, der Ich-Erzähler Maik und der Spätaussiedler Tschick. Die beiden Jungen irren mit einem gestohlenen Wagen in ihren Sommerferien quer durch Ostdeutschland durch Felder, sumpfige Ebenen, Touristenorte sowie einsame Gegenden und begegnen den unterschiedlichsten Menschen bis sie schließlich von der Polizei geschnappt werden.[13] Zwischen Tschick und Maik entwickelt sich auf dieser hindernisreichen Reise eine Freundschaft und sie erleben dabei „besondere Momente der Nähe"[14]. Auch bei den Verhören und der anschließenden Gerichtsverhandlung zeigt sich die Stärke ihrer Freundschaft. Vor allem im Jugendalter haben Peer-Groups und wahre Freundschaften einen hohen Stellenwert für die weitere Persönlichkeitsentwicklung[15]. Das anfängliche Fehlen von Freundschaften, das Außenseitertum sowie die Entwicklung dieser Freundschaft im Buch bieten einen hohen Identifikationsfaktor der Schüler mit den Protagonisten und ermöglichen ihnen somit auf dieser „Lese"-Reise Leseerfahrungen, die sie für die eigenen Identitätsfindung nutzen können.

### 2.2.2 Handlung Kapitel 17

Dieses Kapitel symbolisiert sowohl den Beginn einer Freundschaft als auch die Idee zur Reise in die „Walachei". Zwei Aspekte, die die beiden Protagonisten von nun an über das ganze Buch hinweg begleiten werden. Im Mittelpunkt dieses Kapitels steht Tatjanas Geburtstag und der Beginn der Sommerferien. Tatjana, Maiks heimlicher Schwarm, feiert ihren Geburtstag und hat fast alle Mitschüler eingeladen, bis auf Maik und Tschick. Daraufhin überredet Tschick seinen Klassenkameraden Maik mit einem gestohlenen Lada auf der Party aufzukreuzen, Tajana Maiks Beyoncé-Zeichnung zu überreichen und schließlich nach einer imposanten 180°Drehung mit dem Wagen wegzufahren. Selbstzweifel, Sehnsucht nach Liebe und Anerkennung

---

[11]Homepage des Nationaltheater Xxxxxxxxs: https://www.nationaltheater-Xxxxxxxx.de/de/junges-ntm/schnawwl/stueck_details.php?SID=2191 (letzter Aufruf: 14.03.2016)
[12]vgl. Kramper, W. (2016), S. 64.
[13]vgl. Matt, E. (2012), S. 5.
[14]ebd.
[15]Heinelt (1982), S. 3.

und Freundschaftsdienste sind somit zentrale Themen in diesem Kapitel und weisen ihm neben einer ausgesprochenen Nähe zur Lebenswelt der Schüler ebenso eine zentrale Stellung im Verlauf des Buches zu.

## 2.2 Kompetenzen

In der heutigen Stunde werden bei den Schülerinnen und Schülern folgende Kompetenzen angebahnt bzw. vertieft:

**Fachkompetenz – Lesen/Umgang mit Texten und Medien/Schreiben/Sprechen**
Die Schülerinnen und Schüler

- entnehmen und nutzen Informationen aus dem Text,
- setzen sich mit ihrem Textverständnis auseinander, indem sie in ihrer Gruppe ihr Verständnis des Textes beschreiben, begründen und über Alternativen diskutieren,
- erläutern die Figurenkonstellation im Laufe des Textes, indem sie die Verhaltensweisen der einzelnen Personen beschreiben, analysieren und sich produktiv damit auseinandersetzen.

**Personale Kompetenz**
Die Schülerinnen und Schüler

- versetzen sich in literarische Figuren hinein, indem sie die Handlungs- und Denkweisen sowie Gefühle der Figuren beschreiben und in einem Standbild, einem Dialog oder einem inneren Monolog szenisch darstellen.

**Soziale Kompetenz**
Die Schülerinnen und Schüler

- organisieren sich innerhalb der Gruppen selbst, indem sie die Ergebnisse der Einzelarbeit nutzen und im Anschluss gruppenspezifische Aufgaben sowie Rollen verteilen und bearbeiten,
- beurteilen und ergänzen die Gruppenleistung anderer, indem sie nach der Gruppenpräsentation konstruktive Rückmeldungen geben.

**Methodische Kompetenz**
Die Schülerinnen und Schüler

- erfassen und setzen sich mit mündlichen sowie schriftlichen Arbeitsanweisungen auseinander,

- nutzen Methoden der Texterschließung, indem sie sich durch Textmarkierungen oder anderen visuellen Hilfen ihrer Leseeindrücke bewusst werden,
- gestalten im Spiel Rollen, indem sie im Standbild, im Dialog oder während der „Hilfs-Ich"-Methode die Rollen von Maik bzw. Tschick einnehmen und gezielt rhetorische Mittel einsetzen,
- erläutern die Beziehung der Protagonisten zueinander, indem sie die Ergebnisse der Gruppenarbeiten aufgreifen und in Form einer Wandzeitung visualisieren.

## 2.3 Stundenziel

Aus den aufgeführten Kompetenzen ergibt sich für die heutige Deutschstunde folgendes Stundenziel:

Die Schüler entnehmen einem literarischen Text Informationen, erweitern ihr Repertoire an (nicht-)sprachlichen Gestaltungsmitteln und setzen sich dadurch mit einer literarischen Figur auseinander.

## 2.4 Niveaukonkretisierungen

### Niveaustufe A

- Die Schülerinnen und Schüler erfassen die Situation, in der sich die Person möglicherweise befindet.
- Sie versuchen einen Bezug zu ihrem eigenen Erleben herzustellen. Gelingt dies und können sie sich an damit verbundene eigene Gefühle erinnern, nutzen sie diese für ihren Monolog, ihren Dialog oder ihr Standbild.
- Fehlt der Bezug konstruieren sie eine Situation nach ihnen bekannten Mustern, z.B. aus der Welt der Medien.
- Gefühle, Stimmungen und Gedanken werden in einfachen Worten und Sätzen beschrieben.
- Die Zeitstufe ist das Präsens.

### Niveaustufe B

- Die Schülerinnen und Schüler erfassen die Situation, in der sich die Person möglicherweise befindet.

- Es gelingt ihnen, sich in eine mögliche Gefühlslage der Person hineinzuversetzen.
- Die Phantasie reicht aus, eine Vorgeschichte und eine mögliche Weiterentwicklung zu gestalten.
- Unterschiedliche Gefühle, Stimmungen und Gedanken werden anschaulich beschrieben bzw. dargestellt.
- Sie versuchen den Sprachgestus zu übernehmen, den sie bei dem Schreiber vermuten bzw. die darstellerischen Mittel (Betonung, Gestik, Mimik) werden der Rolle gerecht, sodass die Interpretation der Rolle der Intention der Vorlage entspricht.
- Sie überarbeiten den Text inhaltlich und formal.

**Niveaustufe C**
- Die Schülerinnen und Schüler erfassen die Situation, in der sich die Person befindet.
- Es gelingt ihnen, sich in die Person einzufühlen.
- Aus der Empathiefähigkeit heraus beschreiben sie differenziert Gefühle, Stimmungsschwankungen und sich widersprechende Gedanken.
- Auf der Grundlage der Textstellen planen sie ihren inneren Monolog, Dialog, bzw. ihr Standbild und wissen von Anfang an, welche „Botschaft" sie dem Adressaten vermitteln wollen. Dadurch gelingt es ihnen, auf Grundlage des Textes die Beziehung der Protagonisten zu erfassen und inhaltlich weiterzuentwickeln.
- Sie übernehmen den Sprachgestus, den sie bei dem Schreiber vermuten bzw. die darstellerischen Mittel (Betonung, Gestik, Mimik) werden der Rolle gerecht, so dass die Interpretation der Rolle der Intention der Vorlage entspricht.
- Kurze Sätze, Ellipsen und Satzreihungen entsprechen den assoziativen Gedankengängen.
- Sie überarbeiten den Text inhaltlich, sprachlich und formal.

# 3 Methodische Reflexion

## 3.1 Methodische Planung mit Alternativen und Begründungen

Die Schüler sitzen für diese Stunde in einer veränderten Sitzordnung. Diese Sitzordnung soll auf Grund des Bestrebens nach einem förderlichen Lernklima, ausgenommen die Abschlussrunde vor der Wandzeitung, beibehalten werden. Denn nur durch eine angemessene Sitzordnung kann Kommunikation und Kooperation begünstigt werden. Diese Veränderung der Sitzordnung von den Gruppentischen hin zum Stehen im Halbkreis in der Refelxionsphase kann jedoch kurzzeitig die Lautstärke im Unterrichtsgeschehen erhöhen.

**Einstieg**

Der Unterrichtseinstieg ist zentrales Moment innerhalb einer Unterrichtsstunde. Hilbert MEYER spricht ihm neben der motivierenden und begeisternden Funktion für den Unterrichtsgegenstand auch die Funktion der Aktivierung von Vorwissen sowie das Anregen und Hervorrufen von Fragen zu.[16] Dieser Einstieg zielt vor allem auf die Verknüpfung des Unterrichtgegenstandes mit der Lebenswelt der Schüler ab und hat somit vor allem die Funktion der Motivation. Als Einstieg wurde in diesem Fall ein Rollenspiel gewählt, welches nicht vom Lehrer, sondern von einem Mitschüler, der zuvor in die Szene eingwiesen wurde, ausgeht. Hinzu kommt, dass es sich hierbei, sofern dieser an diesem Tag nicht krank sein sollte, bewusst um jenen Schüler handelt, der vermehrt den Unterricht stört bzw. oftmals abwesend erscheint. Gründe, die für diese Wahl sprechen, sind zum Einen die starke Rollendistanz des Schülers zum Protagonisten (sowohl hinsichtlich seiner Rolle in der Klasse als auch in seinem Auftreten). Zum Anderen bewirkt die Rollenübernahme jenes Schülers, der sehr gut in die Klassengemeinschaft integriert ist, ein mögliches Sinken der Hemmschwelle für weitere darstellende Methoden bei den Mitschülern. Im Zuge dieses provaktiven und zugleich orientierungsstiftenden Einstiegs wird der Schüler vom Lehrer in das Klassenzimmer geholt und an einen für alle Schüler gut sichtbaren Tisch vor das Whiteboard gesetzt. Der Schüler trägt zu diesem Zeitpunkt eine Papiertüte mit einem Fragezeichen auf dem Kopf. Sobald der Schüler eine entspannte Sitzposition eingenommen hat, spielt die Lehrkraft eine Audioansprache des Protagonisten Maiks an die Klasse 8b ab. Dies dient sowohl der Irritation der Lernenden als auch der

---

[16]Hilbert Meyer (1997): Unterrichtsmethoden II: Paxisband; Frankfurt, Cornelsen Verlag Scriptor; S. 123.

Aktivierung aller Schüler, da hier die ganze Klasse angesprochen ist. Maik konfrontiert die Klasse dabei mit ihrer inneren Haltung gegenüber seiner Romanfigur und appelliert an die Lernenden nicht wie seine Mitschüler wegzuschauen, sondern sich mit ihm zu beschäftigen. Der Schüler kommentiert die Szene anhand seiner Körperhaltung und Gestik nonverbal. Nun steigt die Lehrkraft in die Szene ein, indem sie die Schüler dazu aufruft sich im Laufe der Stunde genauer mit dem vermeintlichen „Langweiler" Maik zu beschäftigen. Diese Transparenz im Unterrichtseinstieg dient nicht nur der inhaltlichen Klarheit im Hinblick auf die Unterrichtsstunde, sondern auch einer ersten emotionalen Verbindung des Schülers mit der literarischen Figur, hervorgerufen durch die Reflexion eigener Erfahrungen mit Außenseitern.

*Eine Alternative zu diesem Rollenspiel wäre eine Zitat von Maiks Mitschüler André gewesen, der in Kapitel 7 den Protagonisten seines Spitznamens beraubt und ihm somit sein letztes Stück Beachtung innerhalb der Klasse nimmt. Denkbar wäre im Zuge dessen und im Hinblick auf einen integrativen Deutschunterricht gewesen, die Schüler dieses Zitat sowohl sprachlich als auch inhaltlich beschreiben und analysieren zu lassen, um somit auf Maiks Rolle zu Beginn des Buches aufmerksam zu werden. Obwohl dieser Einstieg das Vorwissen der Schüler aktiviert, dient er primär nur der Orientierung hinsichtlich der kommenden Stunde und stellt einen zu geringen Lebensweltbezug zu den Schülern her, der jedoch vor allem in Bezug auf die Gruppenarbeit bereits frühzeitig initiiert werden sollte.*

### Hinführung

Um die Schüleraktivität auch an diesem zentralen Punkt nach der Initialphase aufrecht zu erhalten, dient ein visuell ansprechend gestaltetes Tafelbild der weiteren Klärung planungsspezifischer Fragen. Die Lehrkraft erklärt anhand des Tafelbildes die Arbeit innerhalb der drei bzw. sechs Gruppen. Somit werden sowohl auditive als auch visuelle Lerntypen bedient. Eine Gewährleistung, dass nun alle Schüler das Verfahren verstanden haben, soll durch die zusätzliche Wiederholung des Arbeitsauftrages durch einen Schüler gegeben werden. Im Anschluss erfolgt schließlich die Einteilung der Gruppen per Losverfahren. In Anbetracht des vom handlungs- und produktionsorientierten Literaturunterrichts ausgehenden Gedankens der "Gerechtwerdung aller Begabungstypen und Fähigkeiten" durch einen individualisierenden Unterricht[17] sollte von einer selbstbestimmten Einteilung der Schüler in die Gruppen ausgegangen werden, jedoch ließe sich dies nicht in diesen zeitlichen Rahmen integrieren. Dennoch ist ein sinnliches, individuelles Gestalten und eine Entfaltung der inneren Vorstellungskraft[18] laut Spinner (1994) durch handlungs- und produktionsorientierte Verfahren gegeben.

**Erarbeitungsphase**

Nachdem sich die sechs Gruppen (2x „Hilfs-Ich", 2x Standbild und 2x Dialog) an den entsprechenden Gruppentischen eingefunden haben, sichten sie zunächst die individuellen Arbeitsaufträge. Insgesamt handelt es sich hierbei um eine mit 20 Minuten eingeplanten, relativ langen, Arbeitsphase, die jedoch bedingt durch die restaurierenden und transformierenden Methoden zur intensiven Auseinander-setzung mit der literarischen Figur zeitlich legitim ist. Um eine größtmögliche Schüleraktivierung innerhalb der Gruppenarbeit zu erzielen, wird der eigentlichen kooperativen Lernform eine Einzelarbeit vorgeschaltet, in der die Schüler nochmals den jeweiligen Textausschnitt lesen und Teilaufgaben bearbeiten. Die Ergebnisse dieser Vorarbeit aktivieren nicht nur das Vorwissen, sondern dienen schließlich auch einem zielführenden Austausch innerhalb der eigentlichen Gruppenarbeit und können anschließend ebenfalls in die Wandzeitung integriert werden. Die Themenschwerpunkte der Gruppen verteilen sich über das ganze Kapitel 17 und signalisieren den Schüler somit, dass jede Gruppe einen Teil zum Gesamtverständnis des Kapitels sowie zur umfassenden Betrachtung der literarischen Figur Maik beiträgt. Einem blinden Aktionismus der Methoden sowie der Erstellung von Schubladenprodukten soll somit entgegengewirkt werden.

Folgende Gruppenaktivitäten sind angedacht:

**„Hilfs-Ich"**

Intention dieser Form des inneren Monologs ist mittels einer handlungs- und produktionsorientierten Methode aus der Theaterpädagogik[19] die Schüler in die emotionale Situation der inneren Zerissenheit Maiks zu versetzen. Dazu notieren die Schüler zunächst eigene Gefühle und Gedanken in Form von Argumenten, die für bzw. gegen einen Besuch der Geburtstagsparty sprechen. Im Anschluss stellen sich

---

[17]vgl. Haas (1994), S. 17ff.
[18]Haas (1994), S. 17ff.
[19]Matt (2012), S. 22.

die Schüler ihre Ergebnisse vor und erarbeiten daraus einen inneren Monolog mit Hilfe der „Hilfs-Ich"-Methode.

Im Vordergrund stehen dabei nicht nur das Textverständnis, sondern auch ein produktiver Umgang mit dem Text und eine gleichzeitige Sensibilisierung für die Sprechhaltung und den sprachlichen Ausdruck. Damit dennoch eine inhaltliche Tiefe gewährleistet werden kann, ist es der Lehrkraft überlassen, den SuS zusätzliche Impulsfragen zur Bearbeitung der Aufgaben zu geben.


**Standbild**

Damit die Schüler die Gefühlslage Maiks, während dieser seinem Schwarm Tatjana das Geschenk überreicht, nachvollziehen können, bedienen sie sich mit dem Standbildbau eines handlungs- und produktionsorientierten Verfahrens. Durch handelndes Erschließen des Textauszugs gelingt den Lernenden die Analyse, Deutung und Reflexion der Figurenkonzeption.[20] Das Verfahren des Standbildes ist besonders für die eigenständige Auseinandersetzung mit dem Thema Pubertät und Sexualität geeignet, da es ergebnisoffen ist und zugleich einen spielerischen Zugang zur Thematik eröffnet. Auch in dieser Gruppenarbeit befassen sich die SuS zunächst individuell mit dem Text und der von ihnen ausgewählten Romanfigur, indem sie auf sogenannte Rollenkarten[21] erste verbale und nonverbale Merkmale der Person notieren um im Anschluss daran gemeinsam mit dem Regisseur an einer Figurenkonzeption zu arbeiten. Auch in dieser Gruppe gibt es die Möglichkeit zur Differenzierung mittels Impulsfragen.


**Dialog**

Diese Gruppe füllt, entsprechend der restaurierenden Methode des handlungs- und produktionsorientierten Unterrichts eine Leerstelle im Text, indem sie für die Rückfahrt der beiden Jungen einen Dialog schreiben, der möglicherweise bereits schon Aufschluss auf die weitere Handlung liefert und somit auch transformierend wirkt. Dazu erarbeiten die SuS nach dem erneuten Lesen des Textausschnittes in Einzelarbeit die innere Haltung der beiden Protagonisten. Hiezu versetzen sie sich in Maiks Lage und notieren auf Gedankenblasen Maiks mögliche Gedanken und Gefühle nach diesem ereignisreichen Auftritt. Im Anschluss folgt schließlich die Gestaltung des Dialogs innerhalb der Gruppe. Wichtig ist, dass sich die Schüler

---

[20]vgl. Schotte (2015), S. 18f.
[21]Esser/ Hauch (2013) in Deutsch 37/2013, S.17.

bereits in dieser Phase Gedanken über die anschließende Präsentation machen. Auch in dieser Gruppe gibt es die Möglichkeit zur Differenzierung mittels Impulsfragen.

*Neben dem handlungs- und produktionsorientierten Verfahren wäre auch die Erarbeitung der Figur Maiks mittels des literarischen Gesprächs entsprechend des Heidelberger Modells denkbar gewesen. Dies fördert laut Spinner zwar ebenfalls das literarische Lernen, Bedarf jedoch einer längeren Einübungsphase bis die Schüler tatsächlich einen adäquaten, wenig lehrergesteuerten Austausch über Leseerfahrungen und Literatur umsetzen können. Obwohl diese Klasse diese Methode bereits kennt, ist die Gefahr einer Demotivation und der Erzeugung einer Antipathie gegenüber der Lektüre durch eine Überforderung der Schüler noch dazu zu solch einem frühen Zeitpunkt in der Lektürearbeit zu hoch und daher nicht sinnvoll.*

**Ergebnissicherung**

Die Ergebnissicherung findet in Form einer Präsentation im Plenum statt. Diese Phase ist hinsichtlich der Würdigung der Schülerarbeiten besonders wichtig. Da jedoch die Forderung hupLis nach einer intensiven Reflexion in dieser Stunde aus Zeitgründen nicht in vollem Umfang nachgekommen werden kann, entschied ich mich dafür jeweils nur eine Gruppe präsentieren zu lassen. Dies steht jedoch mit einer Wertschätzung aller Gruppenergebnissen nicht in Konflikt, da den Gruppen signalisiert wird, dass die anderen Ergebnisse zur Wiederholung und Vertiefung zu Beginn der nächsten Stunden präsentiert werden können. Somit ist nicht nur ein Rückbezug zur vorangegangen Stunde gewährleistet, sondern in Anbetracht der aus den handlungs- und produktionsorientierten Verfahren resultierenden Ergebnisvielfalt kann sowohl ein analytischer und interpretierender Literaturunterricht als auch eine Reflexion der Methode auf der Methaebene stattfinden. Die Präsentationen der Gruppen finden im hinteren Teil des Klassenzimmers in unmittelbarer Nähe zur Wandzeitung statt. Dadurch ist nicht nur ein inhaltlicher Zusammenhang zur bisherigen Unterrichtseinheit gegeben sondern auch der Lernraum wird in vollem Maße, durch das Erzeugen einer „Bühne", gewürdigt. Den einzelnen Gruppenpräsentationen folgt eine Lehrerfrage, die die gesamte Klasse zur Reflexion anregt. Gleichzeitig wird die Wandzeitung durch entsprechende Ergebnisse aus den

Gruppen ergänzt. Die Lehrperson zeigt am Ende die Veränderungen der nun erweiterten Wandzeitung nochmals auf.

**Reflexion, Schluss und Ausblick**

Die Unterrichtsstunde begann mit einer persönlichen Ansprache Maiks an die Klasse 8b. Aus diesem Grund sollen die Ergebnisse der Wandzeitung und die veränderte Sicht nun wieder direkten Schülerbezug erfahren, indem die Lehrkraft zwei Satzanfänge in das Plenum gibt. Dazu stellen sich alle Schüler in einem Halbkreis um die Wandzeitung. Dies kann kurzfristig zu einem erhöhten Lärmpegel führen. Die Schüler nehmen Stellung zu der Frage, ob sie Tschick bzw. Maik hätten auch besser kennenlernen wollen. Gleichzeitig begibt sich der Schüler, der zu Beginn Maik spielte wieder an den Tisch vor dem Whiteboard, zieht erneut eine Papiertüte, nun mit einem Ausrufezeichen, auf und verabschiedet sich von der Klasse.

Am Ende der Stunde gibt der Lehrer den Schülern ebenfalls einen kleinen Ausblick auf die nächste Stunde, verweist auf die Hausaufgaben und verabschiedet sich von der Klasse.

## 3.2 Verlaufsplan

| Fach: | Deutsch | Schule: | Xxxx-Realschule Xxxxxxx | Datum: | 18.03.2016 |
|---|---|---|---|---|---|
| Realschullehramts-anwärterin: | Yvonne Dammert | Zeit: | 9.45 – 10.30 Uhr | Klasse: | 8b |
| | | | | Schülerzahl: | 27 |
| Unterrichtseinheit: | Tschick – Eine (Lese-)Reise, die dich reicher macht! | | | | |
| Thema der Stunde: | „Ignorierst du mich noch oder siehst du mich schon?" – Einfühlen in eine literarische Figur | | | | |
| Stundenziele: | Die Schüler entnehmen einem literarischen Text Informationen, erweitern ihr Repertoire an (nicht-)sprachlichen Gestaltungsmitteln und setzen sich dadurch mit einer literarischen Figur auseinander. | | | | |

| Zeit | Unterrichts-phase | Lehr-und Lernaktivitäten | Didaktischer Kommentar, Arbeits- und Sozialform | Medien und Organisation |
|---|---|---|---|---|
| 9.45– 9.50 Uhr<br><br>5 min | Einstieg | L. begrüßt SuS.<br><br>L. holt einen zuvor bestimmten Schüler zur Tür herein. Dieser Schüler stellt die literarische Figur Maik dar, trägt eine Papiertüte mit einem Fragezeichen auf dem Kopf und setzt sich wortlos an einen Tisch. L. spielt eine Audioaufnahme ab, in der der vermeintliche Protagonist zur Klasse 8b spricht. Der Schüler begleitet die Szene mit stimmigen Gesten.<br>Am Ende fordert „Maik" die Klasse auf, genauer hinzuschauen.<br><br><u>Gelenkstelle</u><br><br>*„Ganz schön frech dieser Maik, dafür dass er eigentlich ein Langweiler ist. Was meint ihr dazu? Ich würde sagen, das können wir so nicht auf uns sitzen lassen. Wollen wir doch mal sehen, ob er wirklich kein Langweiler ist."* | Rollenspiel<br><br><br><br><br><br><br><br>Lehrer-Schüler-Gespräch | Papiertüte, Tisch, Stuhl, Audioaufnahme, Bluetoothgerät und Handy |

| Zeit | Phase | Geschehen | Sozialform | Medien |
|---|---|---|---|---|
| 09.50–09.52 Uhr<br>2min | Hinführung | Lehrer erklärt anhand des Tafelbildes die Aufteilung der Gruppen und ihre jeweilige Aufgaben.<br>L. verteilt Kärtchen zur Gruppenbildung. | lehrerzentriert | Tafel, Schaubild<br>Gruppenkarten |
| 09.52-10.12 Uhr<br><br>20min | Erarbeitungs-phase | SuS begeben sich in die von ihnen ausgelosten Gruppen.<br><br>**Innerer Monolog mit „Hilfs-Ich" (2x)**<br>In EA lesen die SuS den Textabschnitt und überlegen sich im Anschluss Pro-und Kontra-Argumente für den Partybesuch.<br>In der GA schreiben sie nun eine Form des inneren Monologs. Indem Maik die Kontra-Argumente nennt und das „Hilfs-Ich" die Pro-Argumente aufführt.<br><br>**Standbild (2x)**<br>Jeder SuS entscheidet sich für eine Person. In EA lesen die SuS den Textabschnitt und machen sich Notizen zu Mimik/ Gestik/ Körperhaltung.<br>In der GA diskutieren sie das Verhältnis der Personen zueinander und stellen dies auf dem AB dar.<br><br>**Dialog (2x)**<br>In EA lesen die SuS den Textabschnitt. Sie notieren auf Kärtchen Maiks bzw. Tschicks Gedanken/Gefühle nach der Party.<br>Die SuS legen die Kärtchen in die Mitte, sortieren diese in der GA und schreiben daraus einen Dialog. | Plenum<br><br>Einzelarbeit<br><br>anschließend:<br>Gruppenarbeit | Lektüre<br>Arbeitsaufträge der Gruppen, Zusatzmaterial<br><br>Differenzierung: Impulsfragen |
| 10.12 –10.27 Uhr<br><br>15min | Ergebnis-sicherung | SuS drehen sich nach hinten.<br>Die Gruppen präsentieren ihre Ergebnisse. (Jeweils nur eine Gruppe, die andere ergänzt die Wandzeitung durch ihre ABs und eröffnet mit ihren Präsentationen die Folgestunde.)<br>Lehrerfrage zu jeder Gruppe: „Was haben wir in dieser Szene über Maiks Gefühle und Gedanken erfahren?"<br>Im Lehrer-Schüler-Gespräch wird die Wandzeitung ergänzt. | Plenum | Wandzeitung, Begriffe, Schülerprodukte |

| Zeit | Phase | Inhalt | Methode | Material |
|---|---|---|---|---|
| 10.27 – 10.30 Uhr<br>*3min* | **Reflexion, Schluss und Ausblick** | L. gibt einzelnen SuS einen Papierstreifen auf dem steht: „Ich hätte mich dafür/dagegen entschieden Maik besser kennenzulernen, weil...." bzw. „Ich hätte mich dafür/dagegen entschieden Tschick besser kennenzulernen, weil...."<br><br>Der SuS, der zu Beginn Maik spielte, setzt sich nun unbemerkt wieder an den Tisch, zieht eine Papiertüte mit einem Ausrufezeichen über den Kopf und verabschiedet sich von der Klasse.<br><br>L. gibt einen Ausblick auf die kommende Stunde und verweist auf die HA. | Lehrer-Schüler-Gespräch | Papierstreifen, Papiertüte, Audiodatei 2, Bluetooth-Gerät, Handy |
| | **Verabschiedung** | L. verabschiedet sich von den SuS. | | |

# 4 Anhang

Tafelbild

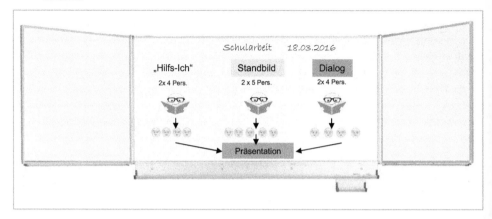

# Zwei Stimmen in Maiks Kopf –

## das Hilfs-Ich

Versetzt euch in Maiks Situation zu Beginn des Kapitels. Tschick will ihn überreden uneingeladen auf Tatjanas Party zu erscheinen und ihr sein gezeichnetes Beyoncé Poster zu schenken. Maik ist hin- und hergerissen.

Schreibt in eurer Gruppe diesen **inneren Monolog** Maiks.

---

**Schritt 1: Vorarbeit**

**a)** Lies dir folgende Textstelle nochmals durch:

**S.89 oben** bis **S.91 Mitte** (Drei Monate hatte ich an nichts anderes gedacht...)

**b)** Zwei Personen sammeln in Einzelarbeit jeweils **3 Argumente**, die **für** den Partybesuch und zwei Personen sammeln in Einzelarbeit jeweils **3 Argumente**, die **gegen** den Partybesuch sprechen.

Notiere die Argumente auf den jeweiligen Arbeitsblättern.

---

**Schritt 2: Innerer Monolog (mit Hilfs-Ich)**

**a)** Tauscht euch nun in eurer Gruppe über die Pro- und Kontra-Argumente aus.

**b)** Formuliert nun gemeinsam einen **inneren Monolog** (ein Gespräch der Figur mit sich selbst) bei dem die Figur die Argumente gegeneinander abwägt.

**So geht`s:**

- Ein Schüler übernimmt die Rolle **Maiks**, der nicht uneingeladen auf die Party möchte. Er begründet dies mit verschiedenen **Kontra-Argumenten**.

- ein anderer Schüler übernimmt die Rolle von **Maiks Hilfs-Ich**, das versucht Maik zu überreden <u>doch</u> zu Tatjanas Party zu gehen. Das Hilfs-Ich begründet dies mit verschiedenen **Pro-Argumenten**.

---

**Schritt 3: Präsentation**

Präsentiert euren inneren Monolog vor der Klasse mit Hilfe des Hilfs-Ichs.

## Zwei Stimmen in Maiks Kopf-
## Maiks innerer Monolog (mit Hilfs-Ich)

_Soll ich oder soll ich nicht..._ _____

_____

_____

_____

_____

_____

_____

_____

_____

_____

_____

_____

_____

_____

_____

_____

_____

_____

_____

_____

_____

_____

## Partybesuch ohne Einladung?!

**Kontra-Argumente:**

| | | | | | | | | | | | |
|-|-|-|-|-|-|-|-|-|-|-|-|

## Partybesuch ohne Einladung?!

**Pro-Argumente:**

| | | | | | | | | | | | |
|-|-|-|-|-|-|-|-|-|-|-|-|

# „Erleichterung pur!" – der Dialog

Versetzt euch in Maiks und Tschicks Situation als sie von der Party mit ihrem Lada losdüsen. Voller Euphorie[22] und Erleichterung reden die beiden Jungs über Tatjana, André und ihren Auftritt. Schreibt in eurer Gruppe diesen Dialog.

## Schritt 1: Vorarbeit

**a)** Lies dir folgende Textstelle nochmals durch:

**S.93 Mitte** („Ich rammte meine Fäuste gegen....") **bis S.94 Ende**

**b)** Sammle auf den gelben (Maik) und orangefarbenen (Tschick) Gedankenblasen, was den beiden Jungs durch den Kopf geht, nachdem sie ihren Kurzauftritt auf der Party hatten.

## Schritt 2: Maik und Tschick blicken zurück

**a)** Tauscht euch nun in eurer Gruppe über eure Ergebnisse aus.

**b)** Schreibt nun einen **Dialog der Beiden**, in dem sie über die Situation auf der Party, über Maiks Gefühle und über ihr Verhältnis zueinander sprechen.

## Schritt 3: Präsentation

Präsentiert euren Dialog vor der Klasse.

---

[22] ein vorübergehend gesteigertes gutes Lebensgefühl

Maik: _____

Tschick: _____

... _____

# Lass Bilder sprechen – **Standbilder bauen**

Um Maiks und Tschicks Auftritt auf der Party besser verstehen zu können, versetzt ihr euch nun in die Rolle der einzelnen Beteiligten (Maik, Tschick, Tatjana und André) und stellt die Gefühle dieser Personen in einem Standbild dar.

---

### Schritt 1: Vorarbeit

**a)** Lies dir folgende Textstelle nochmals durch:

**S.92 Mitte bis S.93 Mitte**

(von „Tschick stand jetzt direkt..." bis „Nee, keine Zeit. Wir haben noch was zu erledigen.")

**b)** Jedes Gruppenmitglied wählt sich einen Darsteller aus und notiert in Einzelarbeit auf der Personenkarte wie die **Mimik**, **Gestik**, **Körperhaltung** und **Gefühle** dieser Person in diesem Moment sein könnten. Notiert dies auf der Karte.

**c)** Ein Schüler übernimmt die Rolle des Regisseurs. Er überlegt sich, wie das **Verhältnis der Personen zueinander** ist und wo sie stehen könnten. Er zeigt dies anhand von Klebepunkten und Pfeilen auf dem entsprechenden Arbeitsblatt.

---

### Schritt 2: Standbild bauen

**a)** Die Gruppe bespricht das Standbild. Der Regisseur baut das Standbild mit Hilfe der Vorüberlegungen Schritt für Schritt auf. Die Darsteller bringen eigene Ideen mitein.

**b)** Die Darsteller achten besonders auf ihre **Mimik** und **Körperhaltung.**

---

### Schritt 3: Präsentation

Präsentiert euer Standbild vor der Klasse. Achtet dabei darauf, dass

- das Publikum die Figuren genau sehen kann,
- das Standbild mindestens 1 Minute ohne Bewegung und Sprache bleibt.

Figurenkärtchen: Standbilder

Tatjana

André

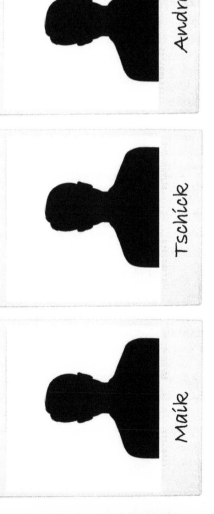

Tschick

Maik

**Zum Standbild gehört, dass der Regisseur/die Regisseurin...**

- die Darsteller an die richtige Position stellt,

- eventuell Requisiten miteinbezieht,

- die Körperhaltung der Figuren anleitet,

- die Position der Figuren zueinander festlegt,

- Mimik und Gestik der Darstellerinnen und Darsteller überprüft.

# Hilfsfragen zur Differenzierung

## *Hilfs-Ich:*
- Was könnte im schlimmsten Fall auf der Party passieren?
- Was könnte im besten Fall auf der Party passieren?
- Maik war bisher immer alleine der Außenseiter in der Klasse nun sind sie zu zweit. Inwiefern ändert das die Situation für Maik?
- Gäbe es für Maik auch eine andere Möglichkeit Tatjana das Bild zu schenken? Wenn nicht, was passiert dann damit?

## *Standbild:*
- Welche Personen sind die Hauptpersonen? Wo müssen sie stehen?
- Wie kann man Aufregung, Unsicherheit oder Coolness darstellen?
- Stell dir vor, du stehst deinem Schwarm oder einer wichtigen Person gegenüber. Wie verhälst du dich?
- Stellt dir vor, du willst jemanden (deine Klassenkameraden, ein Mädchen/einen Jungen) beeindrucken. Welche Körperhaltung, Mimik und Gestik setzt du ein?

## *Dialog:*
- Wie fühlt es sich an, wenn man etwas trotz Bedenken/Zweifel doch tut und es dann gelingt?
- Wie fühlt es sich an, wenn man einem Freund hilft?
- Stell dir vor, eine Person/ein Freund hilft dir in einer peinlichen Situation. Was denkst du anschließend über die Person?
- Jemand hat dich unterschätzt und du überraschst ihn. Welche Gedanken gehen dir danach durch den Kopf?

# Satzanfänge für die Abschlussrunde

- Ich hätte mich **dafür/dagegen** entschieden **Maik** besser kennenzulernen, weil…
- Ich hätte mich **dafür/dagegen** entschieden **Tschick** besser kennenzulernen, weil…

# 5 Quellenverzeichnis

## 5.1 Literatur

- *Esser, A. und Hauch*, H. (2013): Schüler als Literaturagenten. In: Deutsch. Unterrichtspraxis für die Klassen 5 bis 10. Figuren interpretieren. Heft 37/2013. Friedrich Verlag. S.17.
- *Haas, G.*(1994): Handlungs-und produktionsorientierter Literaturunterricht. In: Praxis Deutsch. Heft 123/1994. S. 17-25.
- *Heinelt, G.* (1982): Einführung in die Psychologie des Jugendalters. Freiburg: Herder.
- *Kramper, W.* (2016): Interpretationen Deutsch. Tschick. Freising, Stark Verlag.
- *Meyer, H.* (1997): Unterrichtsmethoden II: Paxisband. Frankfurt: Cornelsen Verlag Scriptor.
- *Matt, E.* (2012): Tschick. Lehrerheft.Rot a. d. Rot: Krapp & Gutknecht.
- *Schotte, M.* (2015): Tschick. Lehrerhandbuch. Stuttgart: Klett.

## 5.2 Internetquellen und -dokumente

- Ministerium für Kultus, Jugend und Sport Baden-Württemberg: Bildungsplan für Realschule 2004. Stuttgart 2004. URL: http://www.bildung-staerkt-menschen.de/service/downloads/Bildungsplaene/Realschule/Realschule_Bildungsplan_Gesamt.pdf(eingesehen am 12.03.2016)

- Homepage des Nationaltheater Xxxxxxxxs: https://www.nationaltheater-Xxxxxxxx.de/de/junges-ntm/schnawwl/stueck_details.php?SID=2191 (letzter Aufruf: 14.03.2016)

- Homepage der Xxxx-Realschule Xxxxxxxx, Infos Schule, Schulgeschichte: URL:http://www.Xxxx-Xxxxxxxx.de/index.php?option=com_content&view=article&id=173&Itemid=141 (eingesehen am 11.03.2016)

## 5.3   Bildverzeichnis*

Whiteboard:            http://schultafel24.eu/93-1442-thickbox/klapptafel-wandmontiert-
                       150-x100cm-whiteboard.jpg

lesendes Emoji:        https://roederklaus.files.wordpress.com/2010/11/buch_lesen.gif

zwinkerndes Emoji:

                       http://cdn.shopify.com/s/files/1/0185/5092/products/persons-
                       0006.png?v=1369544093

Polaroid:              http://www.photopaintit.com/facebook/png/frames/polaroid3.png

Silhouette (m):        http://www.psdgraphics.com/file/male-silhouette.jpg

Silhouette (w):        http://www.psdgraphics.com/file/female-silhouette.jpg

Regisseur:             http://molekular-
                       marketing.de/uploads/Regie_Thomas_Eberwein_Molekular-
                       Marketing_small.jpg

Lada Tschick:          http://3.bp.blogspot.com/-
                       qnOTssT1xUc/T7gUZlUf5qI/AAAAAAAAAAc/vxgmktdAa_4/s160
                       0/41AucnW-HdL.jpg

Entscheidung:          https://www.academics.de/image-
                       upload/juniorprofessur_wissenschaftlich_mitarbeit_0_standard.jp
                       g

Fragezeichen:          https://image.freepik.com/freie-ikonen/glatze-seitenansicht-mit-
                       drei-fragezeichen_318-48742.png

Autofahrer:            https://i.ytimg.com/vi/bFRQHYHIuqY/maxresdefault.jpg

Stimmen im Kopf:       http://cdn4.spiegel.de/images/image-728287-
                       breitwandaufmacher-qigd-728287.jpg

Titelbild:             http://www.theater-
                       schwerin.de/export/sites/theater/bilder/repertoire_Presse/schaus
                       piel/tschick/4_Tschick_Presse_website_quer_2.jpg


*Die Bilder wurden aus urheberrechtlichen Gründen größtenteils entfernt. Die
Bildquellen bleiben hier dennoch aufgelistet, um die Arbeitsblätter ggf. selbst
ausschmücken zu können.

# BEI GRIN MACHT SICH IHR WISSEN BEZAHLT

- Wir veröffentlichen Ihre Hausarbeit,
  Bachelor- und Masterarbeit

- Ihr eigenes eBook und Buch -
  weltweit in allen wichtigen Shops

- Verdienen Sie an jedem Verkauf

Jetzt bei www.GRIN.com hochladen
und kostenlos publizieren

Lightning Source UK Ltd.
Milton Keynes UK
UKHW040619080519
342318UK00001B/432/P